BIBLIOTECA INFANTIL
36

Vicent Galbis López

UN VIATGE PEL MÓN DE LES CORALS

Il·lustracions
Esperança Martínez Molina

VALÈNCIA
1995

FITXA CATALOGRÀFICA RECOMANADA

GALBIS LÓPEZ, Vicent

Un viatge pel món de les corals / Vicent Galbis López; il·lustracions Esperança Martínez Molina.— València : Conselleria de Cultura, 1995. — 56 p. : il. ; 23 cm. — (Biblioteca infantil ; 36)
ISBN 84-482-0885-4

1. Música coral-Llibres infantils I. Martínez Molina, Esperança. il. II. València (Comunitat Autònoma). Conselleria de Cultura, ed. III. Títol
087.5 : 784

GENERALITAT VALENCIANA
CONSELLERIA DE CULTURA

Edita: Generalitat Valenciana
Conselleria de Cultura

ISBN: 84-482-0885-4

Dipòsit Legal: A-292-1995

Imprés a: Artes Gráficas Alcoy, S.A.
C/ Sant Eloi, 17 · 03804 ALCOI
Tel.: 96/6520761

No fa molt vaig tenir la satisfacció de presentar la nova etapa de la col·lecció "Biblioteca Infantil" que promou la Conselleria de Cultura, i dins d'aquesta hem creat una col·lecció de difusió de la cultura popular, una altra dedicada als museus de la Comunitat Valenciana i la que ara teniu a les mans, que anirà tractant els diferents aspectes de la música, per poder conéixer-los millor.

Com bé sabeu, la música és una de les fonts de riquesa cultural més característiques de la Comunitat Valenciana; pobles sencers s'afanyen dia a dia per mantenir i impulsar aquesta tradició tan arrelada entre els valencians, per això des de la Generalitat, amb aquestes publicacions, volem continuar retent homenatge i donant suport a la labor de tantes persones, bandes de música, societats musicals, escoles i ciutadans que amb il·lusió i esforç fan que la música siga tan coneguda.

En aquest llibre, igual que en els altres de la col·lecció, la labor dels il·lustradors contribueix a amenitzar i embellir el seu contingut, que espere que gaudirà de l'acolliment que mereix.

Pilar Pedraza
Consellera de Cultura

A Pilar i Esther

El meu nom és Miquel i tinc quinze anys. Fa dos anys que vaig acabar el col·legi i ara estudie en un institut. M'agraden el futbol i els ordinadors. Fa un mes que comencí a anar amb una xica, però..., en fi, això és una altra història. Ara vull contar-vos una cosa que em va passar fa poc. Tot començà un divendres quan eixia de classe i em vaig trobar el meu amic Pere:

—Ei!, hola, quant de temps sense veure'ns. Què fas?

—Estudie segon de BUP. I a tu, com et va? —em respongué Pere.

—Molt bé, però trobe a faltar les nostres vesprades de diumenge quan jugàvem amb l'ordinador. Hauríem de repetir-ho.

—A mi també m'agradaria, però aquest curs estic ficat en molts embolics i no tinc temps. Els divendres assage en un cor. Ara mateix vaig a portar unes partitures al local.

—En un cor?... —vaig fer sorprés.

—Sí, home, no t'estranyes; ho passem molt bé. Ens reunim un grup d'amics i cantem.

—Ja —vaig fer amb cara estranya—, jo sabia que t'agradava

la música, però em pensava que preferiries tocar un instrument.

—Home, ser un bon instrumentista està molt bé, però cantar en un cor té els seus avantatges, Miquel. Quan cante sent més directament la música, i crec que a la gent que ens escolta també li passa igual. Cantar és quasi com exagerar un poc l'entonació quan parlem, és una manera de fer música molt natural.

—Serà tan natural com vulgues —vaig dir—, però hauràs d'estudiar solfeig i tot això...

—No et penses, per a cantar en un cor no cal ser un gran músic, n'hi ha prou amb ser un poc afinat i tenir musicalitat. Molts compositors famosos començaren la seua carrera com a coralistes.

—Això no ho sabia, veus. De tota manera, si jo estudiara música —vaig dir, presumint un poc—, m'estimaria més ser un gran concertista. Així no has de dependre d'altres persones per a interpretar les obres.

—Em sembla molt bé —féu Pere mentre reia—. Encara que jo crec que el millor d'estar en un cor és que fas música en grup; sense la participació de cada un dels membres del cor, el grup no existiria.

—Doncs, no ho acabe d'entendre.

—És molt senzill, mira —va dir ensenyant-me una partitura de la carpeta—. La directora ens féu copiar una frase que ho explica molt bé. Te la llegiré: «Hem de cantar amb els altres, pels altres, i no contra els altres».

—Crec que ho vaig comprenent — reconeguí.

—A més, Miquel, no imagines la quantitat de gent nova que hi he conegut. Hem fet molts viatges en què s'intercanvien partitures i es fan amics. Si aconseguim els diners, aquestes vacances eixirem a l'estranger invitats per una altra coral.

—Vaja, això m'interessa un poc més —li vaig dir.

Com que em sobrava temps, vaig decidir continuar parlant amb Pere perquè me'n contara més coses.

—També m'agrada perquè cantem cançons de totes les èpoques i d'autors molt diferents. De fet, ens han dit que el repertori o conjunt d'obres per a cor és molt més gran que el de les orquestres o les bandes.

Mentre caminàvem lentament, jo continuava preguntant:

—Pere, una cosa que em xoca, les poques vegades que he escoltat un cor és que no entenia res del que cantaven.

—Això és perquè hi falla alguna cosa. La directora ens ha dit que quan cantem hem de pronunciar bé el text i que no hem d'oblidar que en la interpretació s'ha de transmetre amb claredat la lletra, siga en l'idioma que siga.

—I com s'aconsegueix això? —vaig preguntar intrigat.

—En l'assaig ens insisteixen molt que hem d'articular bé; o siga, que hem de pronunciar bé el text, perquè el ritme de la música sol respondre al ritme de la lletra.

—Això sembla molt difícil —vaig afegir.

—És una qüestió de costum. Si comprens o et tradueixen

la lletra, t'adones que la música reflecteix el caràcter del text. Per això, quan cantes has d'expressar el contingut de la manera més clara possible.

—D'acord, no em parles més d'això. Tinc una curiositat: sou moltes persones juntes, com feu per a poder-vos entendre i no tapar-vos uns a d'altres?

—Mira, t'ho explicaré. En el cor tenim quatre tipus de veus segons el timbre: soprano, contralt, tenor i baix. Les dues primeres són les veus de dona, diferenciades perquè la soprano és la que canta més alt o agut i la contralt més baix o greu. Igual passa amb les altres, que són les veus d'home. Per això, quan dic que sóc baix vull dir que pertany al grup vocal d'homes que canta més greu.

—Sí, però jo he vist cors formats només per xiquets.

—Ja —respongué—. El que passa és que jo forme part d'un cor mixt, dit així perquè hi ha una combinació de diferents tipus de veus: soprano, contralt, tenor i baix. A vegades els xiquets substitueixen la veu de les dones.

—Sí, però encara no m'has dit què passa amb les corals de xiquets—vaig insistir amb impaciència.

—Ara, tranquil. Les veus també es divideixen en blanques i greus. Les dones i els xiquets són les blanques, i els homes formen les veus greus.

—Això vol dir —vaig interrompre—que hi ha cors de veus blanques formats solament per xiquets o dones i, d'altra banda, cors de veus greus.

—Exacte —confirmà Pere—. Una vegada vaig llegir que els cors de xiquets tingueren molta importància des de l'edat mitjana, perquè a les dones se'ls prohibia cantar en l'església. Per a les notes més greus s'hi afegien les veus d'home.

—I les dones —vaig demanar—, quan entren en els cors?

—La participació de dones hi començà a ser normal en el

segle passat; tot i que en èpoques anteriors actuaven en grups de ballarines o cantants, però sense formar el que es podria dir un cor —continuà Pere.

—Aleshores... —li diguí—, si volguera cantar en un cor, hauria de fer-ho en un de veus mixtes?

—És clar, perquè a nosaltres ja ens ha canviat la veu. És a dir, quan un xic arriba a l'adolescència, la veu se li fa més àmplia i greu. Per això ja no podem formar part d'un cor de xiquets.

Després d'un moment de silenci, vaig tornar a l'atac:

—Ara que ho pense, quasi tots els cors que he vist per televisió són cors mixtos. Per què?, hi ha més cors d'aquest tipus?

—Sí. M'imagine que deu ser perquè, si aprofiten totes les classes de veus, blanques i greus, els compositors tenen més possibilitats per a crear les seues obres.

—Escolta, Pere, també he vist corals que tenien pocs membres.

—Bé, és que estàvem parlant sobre tipus de cors segons les diferents veus, però també hi ha altres agrupacions corals segons el nombre de components.

—Per exemple? —li vaig demanar sense deixar-li a penes temps.

—Doncs, en algun festival —m'explicà— he escoltat un grup de quatre coralistes anomenat quartet, i ens digueren que era molt típic en la música del renaixement. També actuaren grups un poc més grans que s'anunciaven com a cors de cambra i que no passarien de vint persones.

—Però la major part dels grups són més grans, veritat? —vaig tornar a insistir.

—Sí, nosaltres som seixanta i tenim el nom d'orfeó. Aquestes formacions grans també s'anomenen corals o simplement cors.

En aquest moment, Pere es va parar i buscà en una butxaca:

—Mira, perquè ho veges t'ensenyaré una foto —em digué.

Hi vaig poder veure un orfeó que assajava. Vaig calcular que devien ser prop de seixanta persones. Hi havia gent de la meua edat, però també persones més grans. Em va cridar l'atenció que les xiques hi eren davant, i els xics, just darrere d'elles. Dalt, a la dreta, hi havia el meu amic Pere obrint molt

la boca per a cantar. Això em va fer riure i ell, amb cara de pocs amics, em va explicar que en els assaigs els deien que per a articular bé el text havien de vocalitzar molt.

—Però, quins exercicis feu per a vocalitzar? —vaig preguntar.

—La vocalització consisteix en la correcta pronunciació de vocals i consonants. Per tant, abans d'assajar cantem algunes escales impostant la veu de manera adequada.

—I per què t'han posat just ací? —vaig fer assenyalant la foto.

—Si ho mires des del costat del públic, et diré que en el cor mixt les sopranos es col·loquen a l'esquerra, darrere dels tenors; a la dreta de les sopranos se situen les contralts, i després d'elles, els baixos; per això estic ací.

—Ah, ja. Quan canteu amb orquestra, com us poseu?

—La col·locació és la mateixa, però darrere de l'orquestra.

—Ara que ho pense..., sempre hi ha una col·locació fixa?

—Bé, en realitat hi ha diferents formes de situar els coralistes; l'important és aconseguir un bon empastament.

—Un bon què...? —vaig dir-li.

—Un bon empastament, és a dir, s'ha d'intentar que cap veu destaque de les altres. Hem d'escoltar un so equilibrat. Per això, abans d'assajar tots junts, es prepara cada veu per separat. Mira, ací em quede. En aquest local és on assagem.

—Doncs, jo me'n vaig a casa, ja ens veurem. Et telefonaré.

Quan vaig arribar a casa, al rebedor hi havia una nota de ma mare que deia que havien eixit a sopar i que tenia una pizza dins la nevera. Me la vaig menjar i, com que no feien res interessant per la televisió, em vaig posar a jugar amb l'ordinador. Al poc de temps va passar una cosa estranya. El flexo s'encenia i s'apagava i, de sobte, la pantalla es va obscurir i se'n va anar la llum de tota la casa.

—Vaja, ja han saltat de nou els ploms! —vaig exclamar.

Quan em vaig alçar a buscar una llanterna, s'engegà de colp la pantalla de l'ordinador. Al centre hi aparegué el dibuix d'un personatge molt curiós. Anava vestit a la manera del segle XVIII, amb una gran perruca blanca i amb una casaca de color

blau. Estava molt quiet i aleshores em va mirar, va somriure i em va fer l'ullet. Amb una veu metàl·lica, em va saludar:

—Benvingut al programa J.S.

Em vaig quedar al·lucinat, el meu ordinador no té capacitat per a parlar, i aquest programa tan estrany, d'on deu haver eixit?

—Repetesc, benvingut al programa J.S. Prem una tecla qualsevol.

Què podia fer? Vaig tocar la lletra T i l'estranya figura començà a caminar a poc a poc cap a un cantó de la pantalla. Es recolzà en el seu bastó i em digué:

—No t'espantes, jove amic. Has sigut elegit per a acompanyar-me en un llarg i apassionant viatge a través de la història dels cors. Si ets tan amable, prem la tecla P, per favor...

Entre sorprés i divertit vaig seguir les instruccions de l'estrany personatge. En la pantalla de l'ordinador aparegué una imatge amb un grup d'homes barbuts que vestien pells d'animals i feien sorolls estranys.

—Com pots veure, som en la prehistòria. És la primera etapa del nostre viatge. Quan els homínids es reunien per als actes socials o rituals, emetien aquests sons i tots participaven en un primitiu cant grupal.

—Però no cantaven vertaderes cançons, veritat? —vaig preguntar.

—Afirmatiu. Les primeres obres destacables es produïren al poble hebreu. Els reis Salomó i David, utilitzaven en les cerimònies religioses un gran nombre de cantants i instrumentistes; sobretot en la interpretació dels salms. Però, la civilització que donà més importància a la música coral fou la grega.

—La veritat és que no sé res de la música grega —vaig confessar.

Amb un altre colp de bastó, la pantalla tornà al seu color neutre i J.S. continuà parlant:

—En Grècia hi havia un gènere teatral anomenat tragèdia.

En aquesta representació el cor fa el paper d'un personatge principal, ja que comenta l'acció i hi participa.

—I què passa amb el cant gregorià? —li preguntí.

—Tranquil, impacient amic meu. No has d'oblidar que abans del gregorià ja es feien cants en l'església cristiana primitiva. En aquestes cerimònies interpretaven les peces homes, dones i xiquets; però, després, les autoritats de l'església van prohibir cantar a les dones en els llocs sagrats.

—Ja, per això només se senten veus d'home en el compacte del monestir aquell que anuncien per televisió —vaig apuntar.

—Efectivament. I ara, si em permets, passe a explicar-te què escoltes exactament en el disc que has comentat.

Aleshores em vaig sentir com si em trobara en un monestir. De l'ordinador començà a sorgir música religiosa i hi aparegué la imatge d'un grup de monjos que cantaven sota la direcció d'un altre, alhora que s'escoltava la veu metàl·lica de J.S. que deia:

—El cant gregorià es diu així en honor del papa Gregori, que en el segle VI recopilà, organitzà i difongué alguns dels cants religiosos, els quals s'estengueren de Roma a la resta de la cristiandat. Era una música coral seriosa que seguia el ritme del text, ja que era una oració cantada. A més es tractava d'un cant monofònic.

—Mono... què?

—Amb el teu permís, ara t'ho explicaré. La monofonia consisteix en el cant d'una única melodia encara que siga interpretada per moltes persones. Tots canten el mateix i a la mateixa altura.

—I no és difícil, això? Perquè avui mateix m'ha contat el meu amic Pere que hi ha diferents veus segons l'altura —vaig comentar.

—Una observació molt interessant. Una de les causes de

l'evolució de la música coral és que es van afegir altres melodies a la primitiva. Primerament, a la línia melòdica principal se li'n superposava una altra que seguia la mateixa evolució però a diferent altura. El segon pas consistia a sumar a una melodia determinada una altra melodia, de manera que quan la primera pujava, la segona baixava, o siga que s'interpretaven per moviment contrari.

—Ja veig... i aleshores va deixar de ser monofonia.

—Correcte. Passà a denominar-se polifonia, que vol dir diferents melodies que evolucionen al mateix temps. Sovint la polifonia és denominada també contrapunt.

En aquest moment, els monjos que cantaven junts en la pantalla es dividiren en diferents grups i cada un continuà cantant el mateix text però amb diferents melodies. Tot seguit desaparegueren els monjos, i J.S. anà fent primerament una línia

musical aïllada, després li n'afegí una altra i continuà així fins que un conjunt de quatre melodies anaren entremesclant-se. Era realment divertit, però un poc embolicat.

—Per l'expressió que fas, trobe que t'agrada. Sí, una altra de les causes d'aquesta evolució és que, amb la polifonia, les cerimònies religioses resultaven més vistoses i solemnes. Avancem un pas més. Arribà un moment que, a més de melodies diferents, cada veu interpretava un text distint.

—J.S., cada vegada m'ho poses més difícil, eh? —vaig protestar.

—Doncs, això no és tot. Encara n'hi ha més. Els cants gregorians s'escrivien sempre en llatí, que era la llengua oficial de l'església. Però, a mesura que anà desenvolupant-se la polifonia, el llatí fou substituït pels idiomes dels diferents països. El nombre de veus augmentà, i la melodia principal no tenia únicament caràcter religiós, sinó que s'obtenia de la cançó popular.

—Uf! J.S., deixa'm descansar un poc —vaig protestar.

—Uf! J.S., deixa'm descansar un poc —va repetir J.S.

—Però, què et passa? Se t'han entravessat els cables?

—Però, què et passa? Se t'han entravessat els cables? —tornà a fer.

—M'estàs prenent el pèl? Et penses que sóc fava? — li vaig dir.

—No t'enfades, amic. T'he fet aquest truc perquè conegues un recurs important de la música coral d'aquesta època: la imitació. En la polifonia del segle XIV les melodies de les diferents veus sorgien de repetir les línies melòdiques que ja s'havien cantat. A propòsit, segurament hauràs sentit parlar del *Misteri d'Elx*, és una obra que resumeix algunes de les característiques que t'he explicat.

—J.S. m'ensenyà algunes imatges que coneixia d'haver-les vist en la televisió. Hi havia unes plataformes decorades que

baixaven del sostre i que portaven quatre cantors vestits d'àngels que tocaven guitarres i una arpa. J.S. m'explicà que això era una escena del famós *Misteri d'Elx* i em digué que es tractava d'una obra músico-teatral amb un tema religiós: l'Assumpció de la Mare de Déu. La música vocal hi tenia una gran importància, ja que es cantaven obres que anaven de la monofonia medieval a peces polifòniques dels segles XV i XVI. Això era perquè, encara que l'origen del *Misteri* datava de finals del segle XIII o principis del XIV, havia rebut successives influències musicals en les representacions anuals, fet que justificava la diferència d'estils. Continuà l'explicació indicant-me que tenia textos en valencià i llatí, i m'animà a anar a veure'l a l'estiu, època en què es representa. Al final em digué que tots els papers eren representats per xiquets i homes.

—Ara que ho dius, continuen sense deixar cantar les dones en les esglésies? Que masclistes!

—Entre els segles XII i XIV, els cors de xiquets o escolanies es van consolidar com a intèrprets de la polifonia vocal religiosa. Amb ells cantaven grups d'homes per a completar les veus greus. Encara així, el nombre total de cantors no era superior a dotze. Al final del segle XIV es produirà un progressiu augment en el nombre de coralistes en les capelles o cors religiosos, encara que en cap cas no hi cantaven dones. Vull advertir-te una qüestió, en aquesta època ja hi havia nobles que contractaven un petit grup de cantors per amenitzar les seues festes.

—Això vol dir que desapareix el cor de les esglésies?

—Negatiu. Quan comença el renaixement, en el segle XV, encara predomina la música coral religiosa. De fet, els compositors tenien el cor com a principal intèrpret i, quan creaven aquestes músiques, no es dedicaven a afegir-hi més i més veus, sinó que ja es pensava en el conjunt coral com un bloc unitari.

En aquest moment, J.S. va mostrar en la pantalla l'interior d'una catedral. Al mig d'una gran nau vaig veure un grup de frares i xiquets que cantaven al voltant d'una espècie de gran faristol damunt del qual hi havia dos grans llibres amb notes i dibuixos de bonics colors. J.S. me'ls ensenyà amb més detall i em vaig adonar que cada veu tenia la seua partitura per separat, i que les quatre juntes ocupaven les dues pàgines

CANTUS
ALTUS
TENOR
BASSUS

del llibre obert. Després d'un moment, el curiós personatge continuà:

—Ara el cor està cantant *a cappella*. Es diu així quan un grup de persones canten sense acompanyament d'instruments. En aquest segle es va fer general la creació de misses cantades *a cappella* que es basaven en una melodia de caràcter popular.

—Tant de dibuixet i encara no m'has dit cap compositor —vaig protestar.

—Ja que m'ho demanes, podríem parlar del gran Josquin des Prés, compositor que féu avançar el contrapunt i perfeccionà la relació entre el text i la melodia que havia d'acompanyar-lo. Per cert, aquest compositor té una peça que és molt divertida.

—Ah, sí? —vaig respondre un poc avorrit—. Conta'm la història i així descansaré un poc.

—Josquin creà una obra en què denominà *vox regis* una de les veus, que significa 'veu del rei'. En aquesta part es repeteix insistentment la mateixa nota, i es diu que l'autor la realitzà pensant en el rei Lluís XII, que tenia molt mala orella i cantava d'una forma poc agradable.

—O siga, que feia pena sentir-lo —vaig apuntar.

—Ehem! sí, més o menys —va respondre J.S. mirant-me amb cara de circumstància.

Després d'això, tornà a canviar la visió en la pantalla. La foscor de la catedral es transformà en un ambient de claror i alegria. Tenia davant meu la sala d'una espècie de palau on un grup de cantants i instrumentistes interpretaven una música dinàmica en un idioma que semblava l'italià; mentrestant, els espectadors reien i bevien. Aleshores em vaig fixar que J.S. assenyalava un rètol lluminós que posava: «Passeu i veureu el segle XVI, període més important del renaixement, època en què aconseguiren el màxim desenvolupament la polifonia religiosa i la profana». Me'l vaig quedar mirant i no féu falta que preguntara res, ja que J.S. continuà la lliçó:

—No em mires amb cara d'estranyesa, amic. En aquest segle continuà la importància de la música coral religiosa. Per exemple, molts compositors es formaven en els cors de les esglésies, en què s'ensenyava a compondre als millors cantors. I, com en el segle anterior, continuà el predomini del cant *a cappella*; però, amic meu, és ara quan la polifonia profana aconsegueix la seua esplendor: les capelles o grups corals dels

nobles competien per la quantitat i qualitat dels seus cantors.

—Una cosa semblant als equips de futbol —vaig indicar un poc tímidament.

—Exacte —contestà, somrient, J.S.—. Et puc dir que hi hagué músics que foren segrestats d'alguns palaus per altres nobles que volien tenir-los en el seu grup de cantors.

—Amb els futbolistes no s'ha arribat a tant —vaig comentar.

Com si no haguera dit res, J.S. em va explicar que aquests cants profans solien acompanyar-se d'instruments. Encara que els músics renaixentistes pensaven les obres per a ser cantades, moltes vegades els instruments substituïen alguna de les veus. També em digué que d'aquesta època venia el nom de cor de cambra, en referència a les estances o cambres dels palaus en què els nobles escoltaven música. Abans que s'enrotllara massa, vaig decidir interrompre'l:

—La cançó que m'has posat ara estava cantada en italià, no?

—Afirmatiu. El que ara coneixem com a Itàlia era un conjunt de petits estats en què es contractava un gran nombre de músics per a treballar en les corts. En la música profana s'ha de destacar la importància del madrigal. Es tracta d'un tipus d'obra basada en poemes amorosos i amb una estructura musical que depén del text. Amb el temps, en alguns madrigals començà a destacar-se una de les veus, i això ens acosta al món de l'òpera.

Com veia que m'hi perdia un poc, J.S. tornà a fer-ne de les seues; el palau es convertí en una ciutat plena de canals i barques que em sonava molt: Venècia. Estava viatjant en una catifa màgica, vaig poder veure tots els carrers des del cel i, a través de l'ordinador, em vaig introduir en una gran basílica que tenia un interior impressionant. Hi havia una gran nau i als costats hi vaig observar dos cors que cantaven simultàniament. Amb ells intervenien alguns cantants solistes i instrumentistes. Mentrestant, la veu de J.S. m'anava dient que, en la segona meitat del segle XVI, Venècia es caracteritzà per les grans festes religioses i civils. Per això necessitava una música brillant, i els seus músics augmentaren el nombre de veus en la polifonia, uniren diversos cors i desenvoluparen la participació dels instruments. Després d'escoltar un poc més aquesta música, vaig pensar que es corresponia amb un lloc tan impressionant com aquella basílica, que, segons em va dir el sabut de J.S., es deia Sant Marc. Quan més a gust estava escoltant la música, tornà a interrompre'm amb el seu parlament.

—No et penses, estimat amic, que tota la música coral del XVI era similar. En aquest segle, Martí Luter realitzà la Reforma protestant, en què volgué donar una gran importància al cant comú. Per aconseguir-ho prescindí de les polifonies complicades i les substituí per melodies alemanyes de caràcter popular que cantaven els fidels.

Abans que em donara temps a preguntar res, l'ordinador tornà a mostrar una imatge diferent. La pantalla reflectia una batalla d'aquesta època amb el típic enrenou que apareix en les pel·lícules: lluites, soroll de trets, cornetes, cavalls al galop, tambors... en fi, com sempre. Quan m'estava preguntat què tenia a veure això amb la música, es deixà de sentir el so i la batalla continuà en silenci. En aquest instant, aparegué en un requadre de la pantalla un reduït cor que cantava un text molt ràpid. Al principi semblava ridícul, però de seguida em vaig adonar que el que feien era imitar amb les veus tots els sorolls que havia escoltat abans en la batalla. Em va fer la sensació que les veus interpretaven la banda sonora del que es veia en l'ordinador. Resultava molt divertit.

—M'alegre que t'agrade —intervingué J.S. —. En la França del segle XVI es destacà un compositor anomenat Clément Janequin, el qual creà cançons descriptives com la que

has escoltat, titulada *La batalla de Marignan*. Un altre exemple de la seua mestria en aquest tipus d'obres és la peça denominada *El cant dels ocells*, en què s'imiten els cants de diverses aus.

—Per què em lleves la imatge?, m'hi estava divertint molt —li vaig dir, un poc contrariat.

—No et precipites, la diversió continuarà de seguida —em va tallar J.S.—. Però ara vull parlar-te d'Espanya. Aquest país desenvolupà una abundant producció musical coral profana, recollida en els denominats cançoners, que eren recopilacions de les obres més cantades en un lloc determinat com una cort o un palau. Precisament, un dels més importants del segle XVI fou el *Cançoner del duc de Calàbria*. Aquesta col·lecció consta de 54 peces polifòniques de diferents autors que formaven part de la cort que aquest duc, Ferran d'Aragó, tenia a València. Fent una comparació, els cançoners serien, més o menys, com els discos que inclouen els grans èxits de la temporada.

—Ja ho entenc, però és molt diferent d'allò de Janequin.

J.S. somrigué i em posà en pantalla alguns instrumentistes i un petit cor que va començar a cantar en castellà, demanant al públic que prestara atenció a un esdeveniment que estava a punt de començar. De sobte, passaren a imitar sons d'instruments com el tambor o la trompeta. Després es posaren molt seriosos i formals per a cantar unes melodies en llatí. Com que aquesta mescla d'idiomes i sons es repetí algunes vegades, vaig acabar per no entendre-hi res.

—T'agrada? No em diràs que no té interés. Aquesta peça es diu *La justa* i representa una lluita entre el bé i el mal. Ací s'entremesclen diversos idiomes, estils musicals, formes de cantar, etc. per a contar una història. Constitueix un clar exemple d'un tipus de cançó molt important en el renaixement espanyol: l'ensalada.

—És clar —vaig replicar somrient—, hi ha un poc de tot en el mateix plat.

—Tu ho has dit —afirmà J.S. abaixant un poc el cap—. A més, *La justa* és d'un compositor anomenat Mateu Fletxa el Vell, que treballà en la cort del duc de Calàbria i compongué diverses obres d'aquest caràcter. Se suposa que aquesta ensalada s'estrenà al Palau Reial de València.

—Vaja, pel que dius, en la València del segle XVI tenia molta importància la música, no?

—Correcte —indicà J.S. —, sobretot en els ambients cortesans. Bé, ara m'agradaria parlar-te un poc del barroc. Et sona aquesta paraula?

—Crec que es diu que una cosa és barroca quan està molt recarregada, no?

—Entre altres coses. El barroc musical destaca pel naixement de l'òpera. Aquest gènere reunia molts elements: cantants solistes, conjunt instrumental, cor, decorats, etc. De manera que el cor deixa de ser l'instrument principal i es converteix en un element més.

—I quina és la raó que aparega ara?

—Bé —explicà J.S. —, en el segle XVII es volia que la música transmetera més directament els sentiments. Pensaven que el cant d'un solista amb acompanyament instrumental podria fer-ho més bé que la polifonia coral o instrumental. A més, pretenien imitar la tragèdia grega, perquè creien que la millor manera de contar històries era a través del teatre.

Aleshores, l'ordinador projectà unes imatges en què apareixia un escenari molt adornat. Un solista duia un instrument semblant a una arpa i cantava alternant-se amb un cor d'homes i dones que anaven vestits de camperols. Davant d'ells hi havia un petit grup d'instrumentistes. J.S. em digué que l'instrument que tocava el protagonista era una lira i afegí que es tractava d'una òpera del compositor italià Claudio Monteverdi anomenada *Orfeo*.

—Aquest autor —continuà— representa l'evolució des dels madrigals de finals del renaixement, que quasi eren obres de teatre, fins a les primeres òperes.

A continuació passà a mostrar-me la imatge del saló d'un

palau, on hi havia una reina a qui s'acostaven altres personatges de la cort per donar-li regals. Com a fons musical s'escoltava una obra coral en anglés en què el cor i l'orquestra interpretaven una música molt dinàmica i brillant. J.S. m'explicà:

—És una peça d'un compositor anglés anomenat Henry Purcell, a qui encarregaven moltes obres amb objectius concrets: celebrar aniversaris d'una reina, recordar una persona després de morir, obres per a alguna festa religiosa concreta... De tota manera —continuà J.S. —, en la música religiosa barroca van destacar dos tipus d'obres en què el cor intervenia juntament amb els solistes i l'orquestra: l'oratori i la cantata. En aquests gèneres destacàrem, modèstia a part, el meu vell col·lega Jordi i jo.

—Com has dit? —ara sí que m'hi havia perdut de veritat.

—Sí home —replicà satisfet mentre s'arreglava la perruca—, Georg Friedrich Händel.

—Per fi, un nom que em sona d'alguna cosa.

—Supose que deus conéixer aquesta música, Miquel.

En la pantalla de l'ordinador es va formar la imatge d'una església en què un cor de xiquets i homes amb orquestra cantaven una de les poques obres de música clàssica que sóc capaç de reconéixer: l'«Al·leluia» d'*El Messies* de Händel. J.S. em contà que aquesta obra era un oratori i que l'autor havia escrit algunes peces d'aquest tipus. En totes el cor tenia un paper molt important, perquè servia per a descriure l'acció, explicar el lloc dels fets o els sentiments dels personatges. Em va cridar l'atenció quan digué que *El Messies* durava més de dues hores. Händel tenia molta facilitat per a compondre, ja que creà tota l'obra, amb cors, cantants solistes i peces d'orquestra, en poc més de vint dies. Em va semblar curiós que els espectadors escoltaren tot l'«Al·leluia» drets. J.S. m'ho va aclarir.

—T'he mostrat un concert d'*El Messies* celebrat a Angla-

terra, i allà tenen el costum d'escoltar l'«Al·leluia» drets des que, en una interpretació de l'obra, el rei Jordi II, impressionat per la música que escoltava, s'alçà del seient i, com que els súbdits no podien estar asseguts mentre el rei estava dret, tot el públic escoltà aquest fragment com pots veure en la imatge.

—Vaja!, que incòmode !

A continuació, J.S. va mostrar en la pantalla unes imatges que m'eren conegudes. No hi havia cap dubte, el personatge que hi apareixia amb una casaca similar a la del meu amic de l'ordinador, la perruca amb els pèls de punta i aquesta manera de riure... era Mozart, tal com jo el recordava en la pel·lícula *Amadeus.* Encara que, un moment!, estava dirigint una orquestra, però no hi apareixia el cor enlloc. De seguida me'n vingué l'explicació:

—Aquesta escena serveix per a il·lustrar l'època del classicisme, que ocupa la segona meitat del segle XVIII. En aquest període, la música instrumental superà totalment la música coral, i igual passà amb l'estil profà, que desplaçà el religiós. Els millors compositors, com Haydn o Mozart, no escrigueren molta música coral si la comparem amb la seua dedicació a la instrumental. De tota manera, apareixen obres per a cors i orquestra tan importants com les misses de Haydn o el *Rèquiem* de Mozart.

—Aquesta obra no pogué acabar-la el mateix Amadeus, no és cert? Així passava en la pel·lícula —vaig dir.

—En efecte, Miquel. La peça fou acabada per un deixeble seu, que en completà alguns esborranys realitzats per Mozart.

Després de dir això, J.S. canvià d'imatge i aparegué en la pantalla una gran multitud que es reunia en una plaça. Es notava per la roba que era gent del poble. Em vaig fixar que en un costat apareixia un carro en què anaven lligats alguns nobles per a ser guillotinats. El públic els insultava i els llançava pedres. Aleshores vaig comprendre que érem en la Revolució Francesa.

—Què té a veure aquest fet històric amb l'evolució dels cors?

—Més del que sembla, curiós amic meu. En l'època de la Revolució Francesa predominaren en el país gal les cançons amb fins revolucionaris i patriòtics, amb arguments com la llibertat i la igualtat. Això portà els músics francesos a crear, moltes vegades per encàrrec, una música coral pensada per a grans masses i que es cantara amb facilitat. És lamentable que fóra una música de poca qualitat.

—Aleshores, per què té tanta importància la Revolució Francesa per als cors? —vaig insistir.

—Si recordes, els ideals d'aquesta transformació social van ser «llibertat, igualtat i fraternitat». Precisament aquests són els conceptes que van inspirar Beethoven per a compondre l'«Himne a l'alegria», que apareix al final de la *Novena simfonia*, també denominada *Simfonia coral.*

En aquest moment, J.S. féu sonar per l'altaveu la música que acabava de dir i em vaig alegrar de ser capaç de reconéixer una altra peça. De seguida vaig veure una imatge en què apareixia un gran teatre, en l'escenari del qual hi havia un cor i una orquestra més gran que les que havia vist fins ara en l'ordinador. Es notava que era un concert d'aquesta època, i dirigia el mateix Beethoven. J.S. comentà que en l'estrena de la *Novena simfonia* l'autor ja era completament sord. Tan sols sabé l'èxit de l'obra quan, després d'acabar la peça, es girà i veié el públic aplaudir. No vaig poder relaxar-me molt perquè el meu company informàtic continuà ràpidament:

—El més interessant d'aquesta obra és que, per primera volta, un compositor important introdueix una peça coral en una simfonia, que és un tipus d'obra exclusivament instrumental. Una altra dada important és que Beethoven utilitza l'home, representat pel cor, per a parlar de les aspiracions de la humanitat.

—Sí, però, pel que has dit i he pogut veure ara, el cor no era tan gran com el de les obres franceses de l'època de la Revolució.

—Correcte —apuntà somrient—. La grandària del cor va influir en un compositor francés del segle XIX anomenat Hector Berlioz. Les seues obres amb cors exigeixen formacions de més de 200 coralistes, però, a diferència dels seus compatriotes, Berlioz féu una música de gran qualitat, influïda per Beethoven en l'interés d'incorporar el cor a la simfonia. De fet, fou el primer autor que va denominar una de les seues obres *Simfonia dramàtica amb cors*.

Amb un senyal de J.S., un gran escenari ocupà la pantalla de l'ordinador, on un grup d'homes i dones vestits amb túniques llargues i units per grans cadenes cantaven una melodia que no vaig reconéixer, però que em sonava molt familiar. Davant de la meua desorientació, J.S. m'ajudà ràpidament:

—El que observes en aquests moments és el cor dels esclaus hebreus de l'òpera *Nabucco* de Giuseppe Verdi. L'estil musical del segle XIX es digué romanticisme, i en aquest els compositors defensaven el seu desig de llibertat creativa. Volien expressar directament els seus sentiments sense ajustar-se a cap regla. Per això, l'òpera és un dels gèneres musicals més importants, ja que l'autor pot escollir qualsevol argument i desplegar-lo amb un estil musical propi. Dins de cada peça operística se solien introduir diversos números on el cor era protagonista.

Utilitzant com a música de fons el cor de *Nabucco*, J.S. em contà que aquesta música es féu servir amb fins polítics. En l'època que s'estrenà, els italians havien sigut invadits per l'exèrcit austríac, i per aquest motiu s'identificaven amb els esclaus hebreus dominats pels babilonis. En veure el meu interés, hi afegí que els italians utilitzaven el nom de Verdi per protestar contra l'ocupació austríaca. Això era perquè les lletres del seu cognom coincidien amb les inicials del rei italià derrotat pels invasors. En dir «Viva Verdi!» volien dir indirectament «Viva **V**ittorio **E**manuele, **r**e **d'I**talia!».

Després, la pantalla tornà a canviar i J.S. em mostrà l'interior d'una gran habitació en què es podia observar un cor, una orquestra i, davant d'ells, diversos cantants solistes, vestits a la manera del segle XIX. El més curiós era que no estaven cantant ni tocant, sinó que escoltaven les explicacions d'un home.

—Aquest cavaller que pots veure —em digué J.S. amb un gran somriure— és el compositor alemany Felix Mendelssohn. Està explicant als intèrprets que comencen a assajar la meua obra simfònico-coral més famosa: la *Passió segons sant Mateu*.

—Però..., si és una de les teues peces, deu ser del segle XVIII, no?

—Exacte, benvolgut amic —J.S. s'anava entusiasmant cada vegada més i més—. Mendelssohn, després de redescobrir aquesta peça en el segle XIX, es quedà impressionat del meu

domini del contrapunt i de l'ús que feia dels corals, encara que està malament que jo ho diga —afirmà amb falsa modèstia.

—Espera J.S. —li vaig dir un poc nerviós—, la coral no era un grup de gent que cantava?

—Un moment, que t'ho explique —em tranquil·litzà—. El coral, amb gènere masculí, era una senzilla melodia que es cantava en les cerimònies de l'església protestant. El que jo vaig fer en el segle XVIII fou agafar aquest cant i afegir-li melodies per a altres veus, i amb això obtenia el coral polifònic.

—D'acord... aleshores, Mendelssohn també compongué corals?

—Ja, ja —rigué a gust J.S. —, no et confongues, estimat amic. Mendelssohn fou influït pel meu estil, però ell creà oratoris típics del segle XIX.

—Que no eren iguals que els del barroc, supose —vaig continuar.

—Efectivament —afirmà J.S. —. En el segle passat l'orquestra i el cor tenien més components. A més, en el romanticisme trobem instruments que encara no s'havien desenvolupat en el segle XVII. Hi ha també altres diferències de caràcter tècnic més difícils d'explicar. Entre les semblances podem destacar la successió de peces d'orquestra, els números dels cantants solistes, les intervencions del cor i el caràcter religiós de la major part dels oratoris romàntics.

—Ara que ho dius, en aquesta època no has parlat encara de la música religiosa —li vaig comentar.

—Tens raó, Miquel. Generalment els autors del romanticisme es dedicaren més a la música profana. Per això la seua música coral religiosa tenia un estil similar al de la profana. És el cas de Verdi, que té peces simfònico-corals de caràcter religiós que ens recorden moltes vegades les seues òperes.

—Doncs, sí que és senzill —vaig reconéixer.

—De tota manera, hi ha algunes excepcions interessants, entre les quals s'ha de destacar el músic alemany Anton Bruckner, amb obres simfònico-corals de caràcter religiós en què l'orquestra pren una gran importància. Un altre cas curiós és el de l'autor txec Dvorák, en les obres per a cor i orquestra del qual es reflecteixen influències de la música popular del seu país i...

—Un moment, un moment... para el carro —vaig protestar—. Abans t'he demanat que em digueres uns quants compositors, però ara no pares. És que es posà de moda compondre música coral?

—Exactament. A mesura que avança el segle creix la demanda de música coral, ja que augmenta el nombre d'associacions culturals que tenen un cor entre les seues activitats. D'altra banda, en països com Anglaterra o Alemanya, la importància que el protestantisme donava al cant coral provocà un gran desenvolupament de la música per a veus: festivals de cors, concursos, encàrrecs a compositors d'obres simfònico-corals, etc. Es podria dir que el romanticisme és el període d'esplendor d'aquestes agrupacions vocals.

—O siga, que amb el segle XX s'acabà tot aquest negoci, no? —vaig demanar.

—No, no fou tan ràpid. Precisament, entre finals del segle XIX i principis del XX es podien observar imatges com aquesta.

En dir això, aparegué en la pantalla una gran sala de concerts en què tot l'escenari estava ple d'instrumentistes i coralistes. Però, després de fixar-m'hi un poc, poguí veure que no solament era l'escenari, també dues grans tribunes destinades al públic estaven plenes de cors. Per si tenia cap dubte, J.S. anà acostant la imatge a cada grup de músics i em digué que anotara el que hi veia. Quan vaig acabar, havia apuntat: dos grans cors mixtos, un cor de xiquets, vuit cantants solistes, una orquestra àmplia, i un orgue i tot!

—Com es diu l'obra que interpreten? —li vaig preguntar sorprés.

—És la *Simfonia número 8* de Gustav Mahler —contestà J.S.—, també anomenada *Simfonia dels mil.*

—No m'estranya — diguí, mentre continuava mirant tot aquell desplegament.

—Em recorda una de les nostres vetlades familiars, quan estic amb tots els meus fills —continuà J.S., sense que jo entenguera molt bé la frase—. En fi, a més de la quantitat de components, l'interés d'aquesta obra és que es tracta de la primera simfonia totalment coral, és a dir, amb una intervenció contínua del cor del principi al final. Mahler és un compositor que se situa entre el segle XIX i el XX, i mostra des de

les primeres obres un gran interés en la intervenció de les veus.

—Vols dir que compongué més simfonies amb cors?

—Afirmatiu. En la *Segona simfonia*, per exemple, el cor participa en gran part de la peça. En aquest sentit fou un continuador de Beethoven, ja que utilitza el cor com a símbol dels problemes de la humanitat. Mahler afirmà que necessitava la paraula per a aclarir les seues idees musicals.

—I tot això ja passava en el segle XX?

—En efecte, Miquel. Ja t'he dit que Mahler ens introdueix en la música del nostre segle, i si hi ha una cosa que caracteritza els músics d'aquesta època és el rebuig del romanticisme musical. De tota manera, és difícil comentar característiques generals, perquè cada autor tracta la música coral des de la seua visió personal.

—Això significa que ara em diràs tots els autors que componen música per a cors des de 1900 fins aquest moment? —vaig replicar espantat.

—No, de cap manera, tranquil·litza't —em digué somrient—, només esmentaré els més destacables. Però te'n puc dir algunes característiques generals. Alguns autors creen peces corals utilitzant noves tècniques vocals. D'altres mesclen el cor amb cintes magnetofòniques que emeten sons ja gravats.

—Vaja, això deu sonar molt diferent de tot el que m'has mostrat fins ara —li vaig dir mentre imaginava alguna d'aqueixes obres.

—De tota manera aquesta música és més actual —afirmà—. Anem a poc a poc i comencem pel principi del segle XX. Escolta açò.

Per l'altaveu de l'ordinador isqué una música molt agradable. Podia escoltar una orquestra i un conjunt de veus cantant una cosa semblant a un murmuri. No semblava tenir text i jo diria que es tractava d'un cor de veus blanques. J.S. em donà la raó. Es tractava d'un fragment d'una obra del compositor francés Debussy en què pretenia suggerir el cant d'unes sirenes. El cor es limitava a vocalitzar sense pronunciar cap lletra. Amb això Debussy tractava les veus com un instrument que aportava un so especial a l'orquestra. De sobte, canvià a una altra música coral que em sorprengué. Era una cosa difícil d'explicar, les veus pujaven i baixaven amb brusquedat, canviaven d'intensitat ràpidament..., en fi, allò sí que em semblava una cosa nova.

—Això que escoltes ara és una obra d'un dels autors que seguiren la tècnica del dodecafonisme. Aquest nou mètode consistia a afegir cinc sons més als set de l'escala tradicional. Per això el nom fa referència al número dotze. A més, aquests autors no feien cas de les antigues tècniques de composició. Aquesta és la raó que et sone tan estrany.

—Però, això deu ser molt difícil de cantar!

—En general no ho canten cors d'aficionats, sinó que ho interpreten agrupacions professionals. Ara bé, mentre que els dodecafonistes creaven aquestes peces, també hi havia autors com l'alemany Hindemith, que compongué moltes obres corals amb melodies senzilles i textos adequats. Pretenia així que els aficionats cantaren a gust; fins i tot, a vegades, s'invitava a cantar el públic mateix. Amb això, vull fer-te comprendre que el segle XX es caracteritza per la presència simultània d'estils molt diferents. I si vols comprovar-ho, mira aquestes imatges.

En la pantalla aparegué un escenari, en la part de dalt se situaven un cor mixt i una orquestra, de la qual em cridà l'atenció la gran quantitat d'instruments de percussió. La música era molt rítmica i amb grans contrasts d'intensitat i velocitat. Em resultava coneguda per haver-la escoltat en anuncis de televisió o en pel·lícules, però, com solia passar-me, no podia dir-ne el títol ni l'autor.

—Per la teua reacció, amic Miquel —digué pagat J.S. —, veig que coneixes aquesta música. Es tracta del començament d'una de les obres simfònico-corals més famoses d'aquest segle: *Carmina Burana*. L'autor, Carl Orff, mesclà melodies d'inspiració medieval, polifonia primitiva i una gran presència del ritme per crear una obra totalment diferent de les que s'havien escoltat fins aleshores.

Després de dir-li que havia sentit aquesta música en alguna pel·lícula, J.S. m'explicà que la música coral també havia tingut relació amb el món del cine. Em posà l'exemple d'una obra per a cor i orquestra anomenada *Alexander Nevsky* de l'autor rus Serguei Prokofiev. Per compondre-la, féu servir materials musicals de la banda sonora de la pel·lícula del mateix títol que aquest compositor havia realitzat, en què es narraven les aventures d'un guerrer rus de l'edat mitjana que s'oposà als invasors del seu país. L'important és que Prokofiev creà una obra simfònico-coral de gran energia i amb unes melodies molt belles. Segons J.S., el caràcter patriòtic d'aquesta obra s'aconseguí recorrent a la música popular russa. En aquest punt, li vaig consultar:

—Això últim no ho entenc bé, explica'm millor com utilitzaven les melodies populars en la música simfònico-coral.

—No és gens complicat. Un dels pioners d'aquest recurs fou l'hongarés Béla Bartók. En moltes de les obres mesclà la música folklòrica del seu país amb algunes de les tècniques musicals més avançades. Per exemple, en les seues obres per a cor mixt ens ofereix unes cançons que respecten el ritme de la melodia popular original. La novetat està en la sonoritat que Bartók aconsegueix amb els mètodes de principis de segle.

—I Bartók fou l'únic que adaptà aquestes melodies populars? —vaig preguntar.

—De cap manera. En molts països seguiren aquesta tècnica. A Espanya, per exemple, molts autors treballaren amb el folklore dels seus llocs d'origen. És el cas de València, on compositors com Salvador Giner, Eduard López-Chávarri o Ricard Olmos estudiaren el ric fons de la música popular valenciana per després adaptar-la als seus estils creatius.

En acabar de dir-me això, sorgí de l'ordinador una música coral bastant curiosa. El grup vocal que s'escoltava anava alternant crits, xiulits, lectura d'un text sense música, vocals soltes i altres sons que no vaig poder entendre. J.S. em comentà que en la producció coral moderna es donava molta importància al text i al llenguatge parlat. Hi havia molta llibertat per a utilitzar tota classe d'efectes de so. En aqueix moment vaig veure en la pantalla una imatge en què apareixien dues partitures. La de la dreta tenia els pentagrames, notes, text..., era com totes les que havia vist. La de l'esquerra era un poc estranya. Era plena de dibuixos geomètrics, línies que pujaven i baixaven, franges de color negre, etc. J.S. digué que la segona era una partitura actual. Explicà que els compositors moderns podien utilitzar qualsevol classe d'escriptura per a compondre música coral. El que deia semblava interessant però, després de tanta aventura, se'm començaren a tancar els ulls i m'adormí.

La claror que entrava per la finestra féu que a poc a poc m'anara despertant. Em vaig adonar que estava gitat al llit, amb el pijama posat. Vaig començar a preguntar-me si el que m'havia passat a la nit havia sigut un somni i vaig decidir alçar-me per observar l'ordinador. Semblava que no li passava res estrany. El connectí i desconnectí unes quantes vegades i no hi vaig trobar cap personatge del segle XVIII. Però jo recordava perfectament tot el que m'havia ensenyat J.S. Com que era dissabte pensí de telefonar a Pere i contar-li tota la història.

Dues hores després em trobava en sa casa explicant-li el que havia passat, i, coneixent-lo, vaig haver d'aguantar el seus riures durant una estona. De tota manera, quan vaig començar

a parlar de coses com cant gregorià, polifonia, ensalades o Mahler es quedà un poc amb la mosca a l'orella. Després de contar-li-ho amb detall, em digué:

—Anem al local del cor que vull presentar-te una persona.

De camí li vaig demanar què estaven assajant últimament i em contestà que preparaven unes cançons basades en la música popular. Quan vaig comentar a Pere el que sabia de Bartók i d'altres autors, m'explicà:

—Aquests compositors es dedicaren a treballar sobre les cançons tradicionals, però la música popular o folklore musical s'ha cantat en moltes ocasions per grups vocals. No ho sabies, Miquel?

—La veritat és que no —semblava que J.S. s'havia oblidat de parlar-me d'aquest tema.

—Doncs, així és. Per alguna cosa és la música que naix del poble i es fa per a aquest mateix poble. En el cor ens han contat que hi ha diversos tipus de cançons, que s'interpretaven en grup i tenien diferents funcions. Es cantaven obres per a les festes, per a ballar, cançons per al treball, per als nóvios, etc. Les que ara assagem es basen en un gènere de cançons que eren molt populars per Nadal.

—Ja sé! —vaig contestar—, les nadales.

—Sí, aquestes obres s'han cantat des de sempre per grups corals, ja siga a una o a més veus. Amb tot —continuà Pere—, no et penses que les melodies populars solament estaven relacionades amb el folklore del camp.

—Vols dir?, en la ciutat hi ha música popular?

—Per descomptat, Miquel. Per al concert de Nadal cantarem diverses obres dels Estats Units que es basen en melodies nascudes en les ciutats. Són peces que sorgeixen de diferents grups urbans i no tenen un autor concret.

—Ara que ho pense —vaig dir— en moltes pel·lícules

es pot veure que als Estats Units hi va haver una gran emigració de molts països. A més, aquests pobles es degueren mesclar amb els que ja hi havia i amb els esclaus procedents d'Àfrica. Tot això degué provocar que tingueren un folklore musical molt variat, no?

—Exactament. En aquest país hi ha molts tipus de peces que es canten coralment i sorgeixen de la mescla de diversos grups racials nord-americans. Així, hi ha els negres espirituals, que eren cançons de tema religiós en què es mesclaven els ritmes d'Àfrica aportats pels esclaus amb les influències melòdiques dels colons blancs. Se solien inter-

pretar alternant un solista vocal amb el cor o bé dos cors.

—Pere, estàs molt fort en aquest tema —li vaig dir.

—És que tinc alguns discos d'aquesta música. Avui en dia, als Estats Units tenen molt d'èxit els grups vocals *a cappella*, que interpreten una música que va des de les cançons religioses fins al rock o les balades.

Parlant d'això arribàrem a una planta baixa que tenia algunes habitacions. En la més gran hi havia col·locades en forma de semicercle una sèrie de cadires i darrere unes grades de fusta. Pere explicà que les cadires eren per a les dones i les grades per als homes.

També em contà que, normalment, tots els cors es col·locaven en semicercle perquè podien veure millor el director i aquesta col·locació projectava més bé el so en conjunt.

Després passàrem a una altra habitació més menuda en què hi havia un despatx i unes prestatgeries amb llibres i partitures. Allà trobàrem una xica alta que llegia alguna cosa. Pere em digué que era Anna, la directora del cor. Em va cridar l'atenció que fóra tan jove, ja que m'imaginava que tots els directors eren molt seriosos i tenien bastants anys. De seguida que ens va veure, deixà la partitura i s'acostà somrient. Després de presentar-me-la, Pere m'ensenyà alguns diplomes i premis que havien guanyat.

— Ací deuen cantar molts músics professionals, veritat? —vaig dir.

—No et penses —em va respondre la mestra Anna—. La gran majoria de coralistes són solament aficionats i no saben llegir música. És el que passa en una gran part dels cors actuals, tot i que hi ha agrupacions que sí que tenen cantants professionals.

—Quines són? —vaig preguntar.

—En general, són els cors que pertanyen a orquestres o a teatres d'òpera —m'informà Anna—. Aquestes agrupacions interpreten moltes obres difícils cada temporada, i per això solen estar formades per coralistes que han estudiat la carrera de cant.

—Els cors de xiquets no són professionals, veritat Anna? —intervingué Pere.

—Actualment no. Però durant segles foren, amb les veus d'home, els únics intèrprets de la música coral del catolicisme i solament es dedicaven a l'ofici de cantar. En aquest moment vaig somriure perquè això ja m'ho havia ensenyat J.S.

—En realitat, fins al segle XIX no comencen a sorgir els cors d'aficionats perquè, fins aquesta època, els coralistes eren contractats com a músics professionals, igual com els instrumentistes —explicà Anna.

Aleshores vaig recordar el que digué J.S. sobre les agrupacions culturals del segle XIX i la seua influència en la creació de cors. Anna continuà parlant:

—A més, el segle XIX és destacable en l'evolució de les masses corals perquè s'inclou la intervenció de cors en l'educació musical.

—I quin tipus de participació tenien en l'ensenyament de la música? —preguntà Pere.

—Es pensava que el cant coral havia de formar part de l'educació del músic —informà Anna—. En països com França s'estengueren mètodes d'ensenyament que consideraven la música coral com el mitjà més senzill perquè qualsevol persona coneguera el llenguatge musical. Tot això es difongué a la resta d'Europa i als Estats Units.

—Vaja! —vaig exclamar— jo sempre havia pensat que cantar en un cor era sols per a persones amb una veu especial.

—Doncs, estàs molt equivocat —contestà rient Anna—.

Qualsevol persona que no tinga un defecte físic en l'emissió de la veu pot cantar i, de fet, hi ha cors formats per col·legis, empreses o universitats. Formar un cor no és difícil, encara que per a cantar en aquestes agrupacions fa falta també una certa musicalitat.

—Sí, això ja m'ho havia dit Pere. Però, què és això de la musicalitat exactament?

—Jo crec —explicà Anna— que és tenir una certa sensibilitat musical. És el que ens fa sentir la música i, al mateix temps, ser capaços d'expressar-nos a través d'ella.

—Crec que ho entenc —vaig dir.

—Hi ha autors que afirmen que consisteix a tenir sentit del ritme, poder afinar amb facilitat i posseir un poc d'oïda —continuà Anna—. Però molta gent posseeix aquestes capacitats sense estudiar música. No has de fer res més que fixar-te en les cançons tradicionals que canta la gent dels pobles. Realment, la música coral és el gènere de caràcter més popular en el sentit que la pot practicar quasi tothom. Solament cal posseir aquesta sensibilitat musical que adés comentàvem.

—A més —afegí Pere— en el cor estic aprenent moltes coses relacionades amb la música. Anna també ens ensenya a controlar la nostra respiració i l'emissió de la veu.

—Tot això és important —li respongué Anna—, però pense que en un cor es poden desenvolupar actituds interessants per a la vida quotidiana. Tots els coralistes saben que no s'ha de cantar més o menys que els altres, sinó que tot depén del resultat conjunt. Això fa que valores més aspectes com la humilitat o la companyonia.

—Una altra cosa positiva —ens comentà Pere— és que l'assistència al cor t'obliga a organitzar-te més bé el temps.

—Com veig que té tants avantatges, supose que el cor es continuarà utilitzant actualment en l'ensenyament, no? —vaig preguntar.

—És clar —afirmà Anna—. Hi ha diferents mètodes d'ensenyament musical que donen una gran importància a la música cantada per veus. Per exemple, el compositor hongarés Kodály utilitzava la pràctica coral per ensenyar els elements de la música. Tenia el costum d'elaborar la mateixa melodia popular per a dues, tres o quatre veus. A més l'adaptava en cada cas per a veus blanques, greus o cor mixt.

—És a dir, per a qualsevol tipus de formació coral —vaig apuntar.

—Exacte. Tots els educadors indiquen que el cant és bàsic per a l'educació musical dels xiquets més menuts. És una bona manera de començar a conéixer elements com la melodia, el ritme o l'harmonia —va aclarir Anna i, després de mirar un moment el rellotge, es dirigí a mi—. Me n'he d'anar ja. A veure si t'animes i t'apuntes al cor, Miquel.

—No sé si tindré temps —li vaig dir en acomiadar-me.

Vaig aprofitar que Anna i Pere comentaven alguna cosa a l'eixida de l'habitació per a fullejar alguns llibres que em cridaren l'atenció perquè tenien moltes il·lustracions. En passar les pàgines ràpidament vaig veure-hi una imatge que em resultà coneguda. Era un gravat antic que representava un grup de personatges amb llargues casaques i perruques. En la part superior de la foto deia alguna cosa relacionada amb alguns compositors del segle XVIII. Em vaig fixar un poc més en un d'ells..., no hi havia error possible... era J.S. Vaig llegir els noms que apareixien al peu del gravat i, quina sorpresa!, havia estat parlant tota la nit amb el gran compositor Johann Sebastian Bach. Mentre el mirava fixament, J.S. es girà cap a mi, assenyalà Pere amb el bastó i em féu l'ullet. Fou sols un moment, quan vaig voler adonar-me'n solament es podien veure en el gravat tres personatges immòbils que parlaven entre ells. Vaig pensar un poc en el que havia passat i somrient em vaig girar cap a Pere per preguntar-li:

—Quins dies hauria de venir a assajar si m'apunte al cor?

—Els dimarts i els divendres. Però, t'has decidit a cantar amb nosaltres, Miquel?

—És molt possible —vaig contestar—. Per cert, podria endur-me aquest llibre uns dies a casa?

—Sí, home; i des de quan t'interessen els llibres sobre música? —preguntà Pere un poc estranyat.

—Des que Johann Sebastian Bach és amic meu —vaig respondre somrient.

Aquest llibre s'acabà d'imprimir
a l'obrador de Gràfiques Alcoi,
el 8 de març de 1995.

BIBLIOGRAFIA

1. EL ROSSINYOL DEL POU D'AVALL
de Bernat Capó.
Il·l.: Miquel Calatayud i alumnes d'E.G.B. de Benissa.
2. EL MÓN DE LES BESTIOLES
de Miquel Peris
Il·l.: Pere Rambla.
3. JOANET I EL CAVALLER SOMIAT
d'Enric A. Llobregat
Il·l.: Daniel Escolano.
4. MA CASA
de Rosa Serrano
Il·l.: Moisés Díaz.
5. EL MÓN DE LES EINES
de Miquel Peris
Il·l.: Pere Rambla.
6. PERET I MARIETA
de Josep Piera
Il·l.: Manuel Granell.
7. LA SERP I EL RIU
de Josep Palacios
Il·l.: Manuel Boix
8. EL MÓN VEGETAL
de Miquel Peris
Il·l.: Pere Rambla
9. LA FADA PASTISSERA
de Carles Cano
Il·l.: Paco Giménez
10. CRIATURES MINÚSCULES
d'Empar de Lanuza
Il·l.: Enric Solbes
11. ÀNGELS D'ALGEPS
de Gaspar Jaén
Il·l.: Eduardo Lastres
12. MÓN I MISTERI DE LA FESTA D'ELX
d'Alfons Llorenç
Il·l.: Enric Solbes i Vicent Marco
13. SAÏDA, LA REINA MORA
de Joan J. Ponsoda
Il·l.: Miquel Calatayud
14. EL PARDALET SABUT I EL REI DESCREGUT
de J.M. Palomero
Il·l.: Manuel Boix
15. AVENTURA D'UN DIA DE MERCAT
de Vicent Andrés Estellés
Il·l.: Rafael Armengol
16. EL XIQUET QUE VA PESCAR EN EL MAR DE LA TRANQUIL·LITAT
de Enrique Cerdán Tato
Il·l.: Eduardo Lastres
17. LA CONSTEL·LACIÓ DEL DRAC
de Vicent Muñoz Puelles
Il·l.: Maria Chana
18. UN MÓN PER A INFANTS
selecció i adaptació Joan Fuster
Il·l.: Andreu Alfaro
Edició facsímil
19. L' ESTRELLA DANSARINA
de Josep Ballester
Il·l.: Vicent Almar
20. LA FONT D'EN GALCERAN
de Josep Palomero
Il·l.: Amat Bellés
21. UN DRAC MÍNIM
d'Anna Miró
Il·l.: Rosa Anna Crespo i Enric Soler
22. MALPÈL
de Joaquim Fuster
Il·l.: Joan Verdú
23. GORI-GORI-RUM-RUM
de Joan J. Ponsada
Il·l.: R. Llorens
24. LA DOMADORA DE SOMNIS
de Rosa Serrano
Il·l.: Lourdes Bellver
25. LA COVA DEL LLOP MARÍ
de Joaquim González Caturla
Il·l.: Fernando Khran
26. I A EIXE, SAMARUC!
de Francesc Ferrer Pastor
Il·l.: Pilarín Bayés de Luna
27. LA ROSA I LA CALÈNDULA
de Carles Recio
Il·l.: Josep Palop
28. LA CIUTAT SUBMERGIDA
de Josep Franco
Il·l.: Enric Solbes
29. TE LA DIC I NO M'ENTENS
de Vicenta Ferrer Escrivà
Il·l.: Pilarín Bayés de Luna

30. EL CASTELL DE REL I EL SECRET DE LES CINC LLEGENDES
de Llorenç Giménez Tarazona
Il·l.: Viví Escrivá
31. LA RABOSA VIATGERA
de Carme Miquel
Il·l.: Sandra López
32. XIRRIQUIRREULA
de Maria Dolors Pellicer
Il·l.: Josep Ferrer.
33. UN MUSEU D'ARQUEOLOGIA
de Rosa Enguix Alemany
Il·l.: Enric Solbes
34. ELS INSTRUMENTS DE VENT
d'Anna Chaler i Feliu
Il·l.: Vicent Serra Lloret
35. EL LLENGUATGE MUSICAL
de Benito Martínez Gómez
Il·l.: Ricard Huerta
36. UN VIATGE PEL MÓN DE LES CORALS
de Vicent Galbis López
Il·l.: Esperança Martínez Molina